# BEI GRIN MACHT SICH IHR WISSEN BEZAHLT

- Wir veröffentlichen Ihre Hausarbeit, Bachelor- und Masterarbeit

- Ihr eigenes eBook und Buch - weltweit in allen wichtigen Shops

- Verdienen Sie an jedem Verkauf

## Jetzt bei www.GRIN.com hochladen und kostenlos publizieren

Etienne Pflücke, Thomas Grimme

# Karriereplanung als Teil der Politikfelder des Personal-management

GRIN Verlag

**Bibliografische Information der Deutschen Nationalbibliothek:**

Die Deutsche Bibliothek verzeichnet diese Publikation in der Deutschen National-
bibliografie; detaillierte bibliografische Daten sind im Internet über http://dnb.d-
nb.de/ abrufbar.

**Impressum:**

Copyright © 2007 GRIN Verlag GmbH
Druck und Bindung: Books on Demand GmbH, Norderstedt Germany
ISBN: 978-3-640-13877-7

**Dieses Buch bei GRIN:**

http://www.grin.com/de/e-book/113466/karriereplanung-als-teil-der-politikfelder-
des-personalmanagement

**GRIN - Your knowledge has value**

Der GRIN Verlag publiziert seit 1998 wissenschaftliche Arbeiten von Studenten, Hochschullehrern und anderen Akademikern als eBook und gedrucktes Buch. Die Verlagswebsite www.grin.com ist die ideale Plattform zur Veröffentlichung von Hausarbeiten, Abschlussarbeiten, wissenschaftlichen Aufsätzen, Dissertationen und Fachbüchern.

**Besuchen Sie uns im Internet:**

http://www.grin.com/

http://www.facebook.com/grincom

http://www.twitter.com/grin_com

# Karriereplanung als Teil der Politikfelder des Personalmanagement

**vorgelegt von:** cand. paed. Thomas Grimme und cand. paed. Etienne Pflücke;

Seminar: Konzepte und Methoden der Karriereplanung;

Hamburg, 22.11.2007

# Gliederung

## 1. Einleitung

Das Hauptziel des unternehmerischen Personalmanagements liegt in der Effektivierung des beteiligten Humanpotentials, wobei sich drei Teilsektoren ergeben:[1]

a) Personalmotivation

b) Personalführung

c) Personalentwicklung

(vgl. Staehle 1999, S. 817).

## 2. Personalmotivation

Die Personalmotivation impliziert den Prozess[2] einer Aktivierung von Mitarbeitermotiven. Die Personalführer bedienen sich differenzierter Anreizsysteme wie der Gestaltung der Entgeltregelung, des Arbeitsinhaltes als auch der –zeit. Einen Teil der Entgeltregelung stellen die Bildungskosten dar, welche die individuelle Karriere beeinflussen. Zum Arbeitsinhalt zählt eine Arbeitsfeldverkleinerung[3], wodurch individuelle, karrierebedingte Ziele einfließen. Die Förderung des Mitarbeiters kann spezifiziert werden.[4] Korrespondierend mit den Arbeitsinhalten erlangen die Teilsektoren zunehmende Autonomie, wodurch Flexibilisierung der Arbeitszeit[5] möglich wird.

Jedes Individuum verfügt über differenzierte Bedürfnisse. Im Allgemeinen wird die Bedürfnispyramide von Maslow[6] zu Grunde gelegt. Zu jeder Ebene lassen sich Bedürfnisse

---

[1] In der Gesamtheit ist es entscheidend, dass sich die Politikfelder reziprok arrangieren. Die Teilbereiche (a bis c) werden ganzheitlich gesteuert (vgl. Weitbrecht 1992, S. 1124). Personalpolitik wird von Individuen betrieben, weshalb die Entscheidungen anteilmäßig subjektiv geprägt sind.
[2] Bezüglich der Motivaktivierung in der Personalmotivation bedeutet dies, dass Maßnahmen erst nach einer gewissen Wirkungsperiode erkennbar sind.
[3] Der Zuständigkeitssektor wird eingeschränkt und spezifiziert. Dies erlaubt die Ausbildung zum Spezialisten auf einem Gebiet und stellt einen Karriereschritt dar.
[4] Mit weiteren Maßnahmen, wie der „Humanisierung des Arbeitslebens" sollen reziproke Relationen zwischen Arbeits- und Privatleben geschaffen werden, wodurch Angestellten erweiterte Karrierechancen offenbart werden.
[5] Einen weiteren Teil stellt die Lebensarbeitszeit dar. Durch das Phänomen der Frühverrentung (Vorruhestand) geht den Organisationen ein Personalpuffer verloren, denn diese Mitarbeiter können im Rezessionsfall ohne einen Karriereeinbruch abgebaut werden (vgl. Staehle 1999, S. 835). Die Arbeitszeitflexibilisierung wird von Managern nicht unterstützt, da sie sich im Falle einer Verkürzung entbehrlich machen und die eigene Jobsicherheit nicht mehr gewährleistet ist.
[6] Die Pyramide gliedert sich in Grundbedürfnisse (Lohn), Sicherheitsbedürfnisse (Langfristigkeit des Arbeitsplatzes), Kontaktbedürfnisse (Kommunikation), Anerkennungsbedürfnisse (Beförderung), Selbstentfaltungsbedürfnisse (Delegation, Mitbestimmung) (vgl. Remer 1978, S. 123 nach Staehle 1999, S. 818; vgl. Microsoft 2005, pass).

aus dem Berufsalltag zuordnen. Aspekte der Karriereplanung[7] finden sich in den oberen beiden Ebenen.

## 3. Personalführung

In der Personalführung existieren verschiedene Modelle mit Entscheidungsmustern. Unterscheidungskriterium ist zunächst immer der Anteil der Mitarbeiterpartizipation und die Art des Führungsstils[8]. Innerhalb der Vorgesetzten können zwei Menschentypen ausgemacht werden: die Führer und die Manager (vgl. Grüner 2000, S. 17; vgl. Staehle 1999, S. 866).

Die „Manager" werden als unpersönlich und distanziert von der Unternehmung charakterisiert. Der eigene Erfolg wird favorisiert. Die „Führer" verfügen über Innovationsbewusstsein, Aufgeschlossenheit, Empathie, Visionsbewusstsein und eine Vertrauensbasis. Der eigene Erfolg reiht sich neben der Sozialaktivität ein. In einem Satz resümiert: „Manager do things right, leaders do the right things" (Staehle 1999, S. 866 nach Bennis 1985). Die Karriereplanung ist in beiden Charakteristika ausgeprägt. Der „Manager" priorisiert die eigene Karriere, wohingegen der „Führer" seinen Unterstellten bei deren Karriereverwirklichung hilft.

## 4. Personalentwicklung

Der Sektor der Personalentwicklung impliziert ein Mehrkomponentensystem bestehend aus Weiterbildungsmaßnahmen, Arbeitsstrukturierung und Karriereplanung. Die Personal- entwicklungsmaßnahmen dependieren von den situativen Unternehmensbedingungen (vgl. Staehle 1999, S. 871f.).[9] Die Personalentwicklung erfolgt in Anlehnung an aktuelle gesellschaftliche Verhältnisse und wird durch die Politik gesteuert (z. B. Mindestlöhne, Mutterschutz). Die Karriereplanung wird ebenfalls durch die jeweilige gesellschaftliche

---

[7] „Der individuelle berufliche Werdegang ist Gegenstand der Karriereplanung" (Berthel 2007, S. 372; vgl. Weitbrecht 1992, S. 1115).
[8] Hier ist zwischen autoritären und kooperativen Stilen zu differenzieren, wobei ersterer zur Verwirklichung einer geplanten Karriere ungeeignet ist. Letzterer beteiligt die Mitarbeiter je nach Auftrag, was zu einer Entwicklung der Person führt und für diese gleichzeitig einen Lernprozess darstellt.
[9] Die Konditionen hängen von der Unternehmensgröße ab. Ein Kleinbetrieb kann keine differenzierte Personalentwicklung vergleichbar mit einem Großunternehmen durchführen. Kleinunternehmen beschäftigen bis zu 49 Mitarbeiter, wohingegen ein Großunternehmen durch eine Angestelltenzahl von 500 und mehr definiert ist (vgl. Grüner 2000, S. 10). Dies ist auf die geringer verfügbaren organisatorischen und finanziellen Mittel zurückzuführen. In mittleren bis großen Unternehmungen existiert eine separate Personalabteilung, welche mit der Personalplanung, -entwicklung und –auswahl beauftragt ist. In kleinen Organisationen sind aufgrund der Haushaltsmittel eigene Personalverwaltungsangestellte nicht möglich. Die Personalentwicklung kann daher nicht auf so differenzierter Basis erfolgen, wie in Großbetrieben.

Relation bestimmt.[10] Nach systemtheoretischen Ansätzen ist die Plan- und Machbarkeit überholt, weshalb die Personalentscheidungen vermehrt nach individuellen beziehungsweise Gruppenentwicklungsprozessen[11] getroffen werden. Die Karrierestruktur erhält durch die Individualisierung eine neue Bedeutung.

Der Inhalt der Personalentwicklung thematisiert die transitive Beeinflussung menschlichen Verhaltens, das heißt, die Erweiterung, Vertiefung und Vermittlung von Qualifikationen erfolgt strategisch geplant nach aktuellen und zukünftigen Belangen der Organisation und des Mitarbeiters.[12] Dieses Faktum steht im Mittelpunkt der Karriereplanung, woraus sich die geplante horizontale (auf gleicher Verantwortungsebene) und vertikale (wechselnde Verantwortungssektoren) Stellenabfolge eines Angestellten ergeben (vgl. Berthel 2007, S. 372f.; vgl. Walger 2004, S. 991; vgl. Weitbrecht 1992, S. 1114). Die Maßnahmen gelten für alle Hierarchieebenen einer Unternehmung, werden aber mit abweichender Intensität betrieben. In diesem Zusammenhang existieren verschiedene Thesen über die Auswirkungen von Innovationen (vgl. Abb. 1). Die Höherqualifizierungs-These beschreibt eine kontinuierliche Aufqualifizierung, da entsprechendes Fachpersonal benötigt wird (vgl. Blauner 1964 nach Staehle 1999, S. 877).[13] Entgegengesetzt steht die Dequalifizierungs-These, welche besagt, dass „(...) bei zunehmender Mechanisierung die Qualifikationsanforderungen (...) [ansteigen], dann aber wieder [sinken], da die prozeßgebundenen [sic] Qualifikationen (...) entwertet werden" (Staehle 1999, S. 877). Eine dritte These, die Polarisierungs-These, bildet ein Konglomerat aus den beiden genannten. Die Automatisierung bewirkt durch benötigtes Wartungspersonal eine Höherqualifizierung, jedoch gleichfalls eine Dequalifizierung der prozessgebundenen Arbeitskräfte (vgl. Kern 1970 nach Staehle 1999, S. 877; vgl. Grüner 2000, S. 16ff.). Die „Status-quo-These" impliziert ein langfristiges Gleichbleiben bestehender Qualifikationsanforderungen.

---

[10] Eine vergleichbare Position ist unter bestimmten wirtschaftlichen, politischen und gesellschaftlichen Verhältnissen (z. B. Hochkonjunktur, geringe Hochschulabsolventenquote) einfacher zu erreichen, als unter anderen (z. B. Rezession, hohe Hochschulabsolventenquote).
[11] Aufgrund der steigenden Relevanz individueller Bedürfnisse sind unternehmensintern Informationssysteme gefordert, die durch ihren Subjektcharakter individuelle Mitarbeiterziele und –bedürfnisse verarbeiten.
[12] Teilaspekte stellen hier Maßnahmen wie Umschulungen, Reintegration von Arbeitslosen und der Resozialisation von Straftätern dar. In diesen Bereichen wird der Einfluss aktueller politischer Regelungen deutlich (vgl. Staehle 1999, S. 873).
[13] Damit korreliert eine Dequalifizierung gering qualifizierter Kräfte aufgrund der zunehmenden Automatisierung.

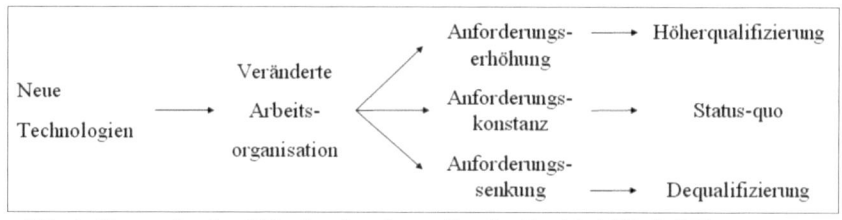

**Abb. 1: Thesen der Qualifikationsforschung (Quelle: Staehle 1999, S. 877)**

Der gesamte Bereich der Personalentwicklung kann in Unternehmens- und Mitarbeiterziele gegliedert werden, die beide gleichermaßen Einfluss auf die Maßnahmen haben sollen. Faktisch dominieren erstere die letzteren. Zu den grundlegenden Unternehmenszielen, wovon die Personalentwicklung abhängt, zählen:

- Erhaltung bzw. Erhöhung der Wettbewerbsfähigkeit
- Sicherung der Flexibilität
- Positivierung des Unternehmensklimas (Motivation und Integration)
- Sicherung eines qualifizierten Mitarbeiterstammes
- Beachtung individueller[14] und bildungspolitischer Anforderungen
  (vgl. Staehle 1999, S. 874).

Im Personalmanagement existieren differenzierte Techniken der Personalplanung, die hinsichtlich der Intensität der Personalentwicklungsmaßnahmen differieren. Wir erachten die „**Agricultural Method**" gegenüber anderen Praktiken[15] als die am ehesten geeignete zur Verwirklichung einer ausführlichen Karriereplanung. Die Methode impliziert die Einstellung junger, Nachwuchskräfte wie Lehrlinge oder frisch Diplomierte und deren Förderung mit dem Ziel, einen hochqualifizierten Personalstamm aufzubauen (vgl. Taylor 1983 nach Staehle 1999, S. 878).

---

[14] Wir erkennen an dieser Position einen Widerspruch in der Theorie. Der Fakt, dass die Mitarbeiterziele durch die des Unternehmens dominiert werden, ist bereits begründet, da die Beachtung individueller Ziele lediglich einen Aspekt innerhalb der Unternehmensziele verkörpern. Die Erfüllung individueller Bedürfnisse erfolgt somit in Abwägung mit weiteren Unternehmensbedürfnissen, weshalb die Gleichwertigkeit von Mitarbeiter- und Unternehmenszielen zum Scheitern verurteilt ist. Um diese Differenz zu beseitigen müsste eine Auflistung der Organisationsbelange denen der Mitarbeiterwünsche in vergleichbarer Detailliertheit gegenübergestellt werden.
[15] Exemplarisch seien die „Jungle Method", „Manufacturing Method" und „Purchasing Method" anzuführen. Diese Strategien verfolgen den Einkauf fertig ausgebildeter Arbeitskräfte, die zufällige Stellenbesetzung und die Austestung der Qualifikationen neu Eingestellter in differenzierten Arbeitsbereichen. Als Instrument der Karriereplanung kann in Anlehnung an die „Agricultural Method" die Bildung von Positionsgruppen in verschiedenen Geschäftsbereichen initiiert werden. Diese Positionsgruppen und ein dazugehöriger Pool von Stellenanwärtern erleichtern die Planung der Stellenbesetzung und die Koordination der Weiterbildung (vgl. Staehle 1999, S. 891).

## 4.1 Weiterbildung

Die Weiterbildung[16] ist in unterschiedlichen Zieldimensionen ausgeprägt, wobei im Zusammenhang der Karriereplanung differenzierte Vorhaben assoziiert werden (Angaben in Klammern):

- Leistungskonstatierung (Ende der „Karriereleiter" erreicht)
- Anpassungsentwicklung (horizontaler Wechsel der Tätigkeit)
- Aufstiegsentwicklung (vertikaler Wechsel der Tätigkeit)
  (vgl. Heymann 1982, S. 152 nach Staehle 1999, S. 880f.).

Der zu vermittelnde Unterrichtsstoff einer Schulungsmaßnahme beinhaltet idealistisch einen Kompromiss aus den Unternehmenszielen (benötigte Fertigkeiten) und den Mitarbeiterzielen (gewünschte Qualifikation als Konsequenz individueller Karriereplanung).[17] Die Selektion der Teilnehmer einer Weiterbildung geschieht nach aktuell und zukünftig relevanten Kriterien, wie Bedarf und Motivation, als auch zurückliegenden Kriterien, exemplarisch dem Alter und der bisherigen Ausbildung des Bewerbers (vgl. Abb. 2). Beide Kategorien werden durch die Karriereplanung beeinflusst. Die Umsetzung des Gelernten stellt die Voraussetzung für eine Effizienzsteigerung der Unternehmung und das Aufgehen der individuellen Karriereplanung dar.

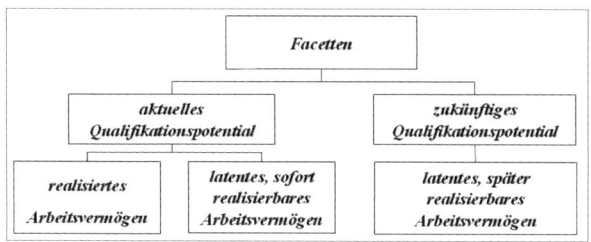

**Abb. 2: Differenzierung des Qualifikationspotentials
(Quelle: Berthel 2007, S. 219)**

---

[16] Neben der konventionellen seminaristischen Weiterbildung erfolgt ein impliziter Lernprozess während der Arbeitstätigkeit. Die Akzeptanz über die Erforderlichkeit der Wissensaktualisierung stellt sich v. a. in niederen Hierarchieebenen erst nach längeren Anlernperiode ein. Die Akzeptanz korreliert mit entsprechenden Arbeitsstrukturierungsmaßnahmen.
[17] Um die gewünschte Qualifikation zu erreichen erfolgt eine Analyse der vorhandenen Kenntnisse und eine Eingrenzung der Teilnahmekriterien.

7

## 4.2 Karriereplanung

Unter Karriereplanung werden hauptsächlich Versetzungen (horizontale Stellenabfolge), Beförderungen (vertikale Stellenabfolge) und Degradierungen [18] (vertikale Stellenabfolge) verstanden (vgl. Kräkel 2001, S. 410; vgl. Berthel 2007, S. 376). Mit einer gezielten Karriereplanung wirken die Personalmanger einer wahrgenommenen Perspektivlosigkeit entgegen (vgl. Staehle 1999, S. 888). Die Planung erfolgt unter Assoziation auf die individuelle Laufbahn und die Nachfolgebesetzung im unternehmerischen Sinn (vgl. Walger 2004, S. 990; vgl. Berthel 2007, S. 372; vgl. Microsoft 2005, pass; vgl. Weitbrecht 1992, S. 1118). Des Weiteren wird die Personalbedarfsplanung interorganisational betrieben, um die Personalentwicklung weiter zu flexibilisieren. Die Regularien für die Durchführung der Karriereplanung sind mit der jeweiligen Organisation verknüpft. Die Personalabteilung ist lediglich mit der Ausführung dieses Personalentwicklungsinstrumentes beauftragt (vgl. Kräkel 2001, S. 410). Im Sinne der Unternehmung sollte die Karrierepolitik so betrieben werden, dass sie nicht zur Zurückhaltung von Leistungen bei existenter Konkurrenz führt.

Ein fundierter Karriereablauf bedarf einer intensiven Beratung (vgl. Walger 2004, S. 991; vgl. Weitbrecht 1992, S. 1120). Dieser kann anhand von Büchern, durch Vorgesetzte, in Karriere-Workshops oder durch interne beziehungsweise externe Karriereberater erfolgen. Im Fall einer fehlenden Karriereberatung reagieren die Betroffenen aufgrund der Selbsteinschätzung oft enttäuscht. Relevant für eine gut geplante Karriereabfolge ist die Kenntnis realistischer Karrierestufen (vgl. Kräkel 2001, S. 411; vgl. Staehle 1999, S. 892f.).

a) **Frühe Karrierephase:** Gekennzeichnet ist diese Phase durch den Erwerb einer ersten Spezialisierung, was exemplarisch durch das „Patensystem"[19] erfolgen kann. In diesem Stadium verursachen unerfüllte Erwartungen teilweise Diskrepanzen zwischen Mitarbeitern und Vorgesetzen beziehungsweise der Unternehmung.

b) **Mittlere Karrierephase:** Es erfolgt eine gezielte Karrierepolitik oder es kommt zur Stagnation. Innerhalb dieser Periode bilden sich differenzierte Angestelltenkategorien heraus: „solid citizens", „deadwood", „stars", „comers".[20]

---

[18] Eine Herabsetzung der zur Verfügung stehenden Kompetenzen („Frühstückdirektor") kommt faktisch einer Degradierung gleich. Diese Form wird heute vermehrt praktiziert (vgl. Staehle 1999, S. 890).

[19] Das „Patensystem" impliziert eine Methode, wobei die neu Eingestellten durch einen erfahrenen Mitarbeiter („Paten") betreut und angelernt werden, um die Differenzen zwischen Theorie sowie Praxis zu bewältigen und Besonderheiten des Unternehmens kennen zu lernen. Der Einsatz des „Patensystems" ist für den Neuling mit unersetzbaren Erfahrungen und Herausforderungen verbunden (vgl. Weitbrecht 1992, S. 1124).

[20] Die Kategorisierung erfolgt anhand der Versetzung des Beurteilten innerhalb der letzten fünf Jahre (vgl. Slocum 1985 nach Staehle 1999, S. 893; vgl. Berthel 2007, S. 374). Die „solid citizens" erbringen aktuell hohe Leistungen, weißen jedoch wenig Entwicklungspotential auf. Mitarbeiter der „deadwood"-Kategorie leisten

c) **Späte Karrierephase:** Zu diesem Zeitpunkt ist einigen Angestellten ein weiterer Aufstieg möglich oder es offenbart sich die Abfindung mit dem vorhandenen Level. Die Mitarbeiter dieser Ebene verfügen über einen reichhaltigen Erfahrungsschatz, weshalb ihnen häufig eine Funktion im „Patensystem" zukommt. Damit einhergehend wird die fachliche Tätigkeit zunehmend durch eine Soziale ersetzt. Der Vorbereitung auf den Ruhestand kommt eine spezifische Bedeutung zu (Vorbeugung einer Ruhestandskrise).

### 4.3 Arbeitsstrukturierung

Eine Erweiterung der Handlungsspielräume kann sowohl der Arbeitgeber- als auch der Arbeitnehmerseite dienlich sein. Im Fall Arbeitgeber ist dies zum Beispiel durch eine Ausweitung der Maschinennutzungszeiten und Flexibilisierung gekennzeichnet. Der Kasus der Arbeitnehmer impliziert die individuelle Arbeitszeitgestaltung und eine Mehrfachqualifizierung. [21] Die Gestaltung der Handlungsspielräume dependiert von der Unternehmensleitung sowie der Stärke und Qualität der Arbeitnehmervertretung (z. B. Betriebsrat) ab (vgl. Kräkel 2001, S. 410).

### 5. Zusammenfassung

Die Politikfelder des Personalmanagements lassen sich nicht einheitlich definieren. Der Karriereplanung kommt in allen Dimensionen der Personalpolitik eine relevante Bedeutung zu. Die einzelnen Bereiche des Personalmanagement gehen fließend ineinander über und ergänzen sich reziprok. Die Entscheidungen sind immer subjektiv geprägt und dependieren von weiteren Faktoren wie der Unternehmensgröße, den individuellen als auch unternehmerischen Zielen und dem Führungsstil. Entscheidend ist, dass für den korrekten Ablauf einer lückenlos geplanten Laufbahn eine kontinuierliche Beratung erforderlich ist.

---

momentan wenig und bieten nur ein geringes Evolutionspotential. „Stars" erbringen hohe Leistungen, was Ihnen auch für die Zukunft attestiert wird. „Comers" bieten hohes Potential, zeigen jedoch gegenwärtig nur geringfügige Leistungen. Eine Karriereplanung im Sinne der Personalentwicklung ist nur in zwei Fällen sinnvoll. Die Ursachen für die Personen der Kategorie „deadwood" werden erforscht und behoben. Diese Mitarbeiter haben erneut eine Chance auf eine Karriere nach Definition. Mitarbeiter mit dem Status „comer" bieten starkes Potential und bedürfen besonderer Förderung.

[21] In Bezug auf die flexible Arbeitszeitgestaltung durch den Angestellten ist es erstrebenswert, dass dieser die gewonnene Zeit für eine zusätzliche Bildung (Nachholen von Schulabschlüssen, Sprachkurse) nutzt. Das Faktum der Mehrfachqualifizierung hat den Nebeneffekt erweiterter Möglichkeiten in der individuellen Karriereplanung. Eine Anpassung der Arbeitszeit sollte in Abhängigkeit der einzelnen Karrierephasen erfolgen. Nach Bedarf können Arbeitsstrukturierungsmaßnahmen wie „Job Sharing" oder „Bildungsurlaub" gewährt werden.

# 6. Literatur- und Quellennachweis

Berthel, Jürgen/Becker, Fred G. (2007): Personal-Management. Grundzüge für Konzeptionen betrieblicher Personalarbeit. 8., überarb. u. erw. Aufl., Stuttgart, Schäffer-Poeschel.

Grüner, Herbert (2000): Bildungsmanagement im mittelständischen Unternehmen. Rahmenbedingungen des Bildungsmanagements; betriebliche Bildung als Schlüsselressource; Bildungsstrategie und operative Umsetzung, Berlin, Herne.

Kräkel, Matthias (2001): Karriereplanung, in: Bühner, Rolf (Hrsg.): Management-Lexikon, München/Wien, Oldenbourg, S. 410 – 412.

Microsoft 2005: Encarta Enzyklopädie Professional DVD.

Staehle, Wolfgang H. (1999): Management. Eine verhaltenswissenschaftliche Perspektive. 8. Aufl., überarb. v. P. Conrad; J. Sydow, München, Vahlen. (Vahlens Handbücher der Wirtschafts- und Sozialwissenschaften).

Walger, Gerd (2004): Karriereplanung, individuelle, in: Gaugler, Eduard/Oechsler, Walther A./Weber, Wolfgang (Hrsg.): Handwörterbuch des Personalwesens. Unter Mitarb. v. zahlreichen Fachgelehrten u. Experten aus Wissenschaft u. Praxis. 3., überarb. u. erg. Aufl., Stuttgart, Schäffer-Poeschel. (Enzyklopädie der Betriebswirtschaftslehre. Bd. V).

Weitbrecht, Hansjörg (1992): Karriereplanung, Individuelle, in: Gaugler, Eduard/Weber, Wolfgang (Hrsg.): Handwörterbuch des Personalwesens. Unter Mitarb. v. zahlreichen Fachgelehrten u. Experten aus Wissenschaft u. Praxis. 2., überarb. u. erg. Aufl., Stuttgart, Poeschel. (Enzyklopädie der Betriebswirtschaftslehre. Bd. V).